Eva Menasse

Gedankenspiele über den

Kompromiss

Literaturverlag Droschl

1.

Ich bin die ältere von zwei Schwestern und in meiner Kindheit mit der Rede vom Kompromiss immer wieder an und über meine Grenzen getrieben worden. Was zwischen meiner kleinen Schwester und mir strittig war – und das war das Meiste, das in dem kleinen Zimmer geschah, in dem wir aufwuchsen –, sollte über *Kompromisse* geregelt und gelöst werden. Es war das moralische Diktat unserer Eltern, darin zeigten sie sich kompromisslos. Wer sich weigerte, am Kompromiss mitzuarbeiten oder einem von ihnen vorgeschlagenen Kompromiss zuzustimmen, wer weiterhin aufstampfte, an den Haaren der anderen zog, boxte und schrie, war diskreditiert und somit jeder weiteren elterlichen Vermittlung unwürdig. Man könnte auch sagen: man kompromittierte sich durch Kompromisslosigkeit. Verhandlungswilligkeit musste zumindest geheuchelt werden, damit man sich nicht ins

Unrecht setzte, nicht alle Chancen sofort verlor: auf das Spielzeug, den Vortritt an der Rutsche, die größere Portion vom Eis.

Avishai Margalit, der israelische Philosoph und moderne Theoretiker des politischen Kompromisses[1], würde dafür kaum das Wort gelten lassen. Er teilt Kompromisse in zwei Gruppen: in die anämischen, also blutleeren Kompromisse, unter die unsere kindischen Streitereien gefallen wären. Denn der schöne, wertvolle Begriff Kompromiss wird gern – missbräuchlich, mindestens verschwenderisch, wie der Philosoph andeutet – auf alles angewendet, was sich nur irgendwie verhandeln lässt. Ein Handel, mahnt Margalit, sei aber kein Kompromiss, denn ein Handel laufe letztlich auf die Frage »take or leave it« hinaus, was man auf Deutsch vielleicht noch etwas harscher mit »friss oder stirb« übersetzen könnte. Also haben meine Eltern, die

---

1 Avishai Margalit, On Compromise and Rotten Compromises, Princeton University Press 2009

sich vermutlich für Meister der Vermittlung hielten, in Wahrheit bloß Handelsbedingungen formuliert und diese als Kompromisse bezeichnet, und deshalb war immer mindestens eine Partei, meine Schwester oder ich, am Ende wütend, empört und fühlte sich über den Tisch gezogen. Meistens beide.

Den anderen, den seiner Meinung nach echten und einzigen Kompromiss, nennt Margalit »sanguine compromise«. Darin steckt das lateinische »sanguis«, Blut, im präzisen Gegensatz zum anämischen Kompromiss. Dieser also, der Vollblutkompromiss, ist die Königsdisziplin der politischen Kunst. Er hat nichts mit aufsehenerregenden Showeinlagen wie etwa dem Durchschlagen des gordischen Knotens zu tun, der merkwürdigerweise vielen einfällt, wenn sie sich einen gelungenen Kompromiss vorstellen sollen. Dabei ist höchstens der Effekt ähnlich, den ein guter Kompromiss auf die Konfliktparteien hat – eine tiefe Erleichterung, die im besten Fall so groß und haltbar ist, dass einem die Opfer leicht werden, die man dafür bringen musste. Beim gordischen Knoten hat keiner ein Opfer gebracht: Alexander der Große zerstörte das kunstvolle Geflecht voller Ungeduld und wurde dafür noch als tatkräftiger Draufgänger gefeiert. Eine ziemlich problematische Heldengeschichte, von heute aus betrachtet. Denn Draufgänger braucht man am allerwenigsten, wenn es darum geht, Konfliktparteien, die oft seit vielen Jahren blutig und rachsüchtig miteinander verstrickt sind, zur Zusammenarbeit zu bewegen. Die Draufgänger beginnen die Kriege, sie brechen sie mutwillig vom Zaun, und es braucht Kompromissfähige, die sie später mühsam beenden.

Kompromisse werden langsam und unter Schmerzen geboren. Sie erwachsen aus einer Zusammenarbeit, gegen die sich erst einmal alles sträubt: com-pro-missum. Zusammen haben zwei feindliche Parteien etwas vorausgeschickt, in die Zukunft gesandt im Sinne von versprechen/promettre/promise: Sie versprechen einander etwas und sind darin aneinander gebunden, beinahe wie in einer vom

Krieg gestifteten Ehe. Sobald einer das Vereinbarte bricht, ist auch die Verpflichtung des anderen erloschen. Das Blutvergießen wird aufs Neue beginnen.

Ein wahrer Kompromiss verlangt den Parteien viel ab, nicht nur den Verzicht auf eigene Maximalpositionen. Sobald wir gedanklich ein paar schwelende Konflikte unserer Zeit streifen – Schiiten versus Sunniten, Hutu versus Tutsi, Serben versus Kroaten versus Bosnier, Basken versus Spanier, irische Katholiken versus irische Protestanten, Israelis versus Palästinenser, die Liste ist lang –, erkennen wir, dass zum Kompromiss außerdem die Anerkenntnis gehört, dass auch die andere Partei berechtigte Forderungen hat. Das Allerschwierigste, aber Unabdingbare ist, den verachteten, verabscheuten Feind zum bloßen Gegner werden zu lassen. Ihn zu entdämonisieren und als Verhandlungspartner anzuerkennen. Wie unmöglich das scheint, ist an allen Konfliktherden dieser Welt mit immer derselben Begründung zu vernehmen: »Man kann/darf mit denen keinesfalls verhandeln/ diskutieren/sich an einen Tisch setzen, weil …«. Ja, genau: Weil man sie dann zur Augenhöhe emporwachsen lassen müsste.

Setzen Sie bei »denen« mal ein, was Ihnen selbst am meisten wehtäte. Versuchen Sie es mit »den Rechtsextremen«, »den Antisemiten«, »den Klimaleugnern«, »den Islamisten«. Jedes politisches Spektrum ist erlaubt. Wer diesen Satz sagt oder denkt – dass mit irgendjemandem, und sei es mit dem oder der Ex oder dem streitsüchtigen Nachbarn, keinesfalls mehr zu reden ist –, der muss sich darüber im Klaren sein, dass er die Einigung aktiv verhindert. Nicht reden ist gleichbedeutend mit nicht lösen, sich nicht bewegen, jede Chance auf Entspannung blockieren. Schweigen bedeutet Krieg, und auch ein kalter Krieg ist einer. So bekommt man eine Ahnung vom Grad der eigenen Kompromissunfähigkeit – was man doch eigentlich gar nicht gedacht hätte. Denn kompromissunfähig, das sind doch immer nur die anderen.

Der Feind wird also menschlich gemacht. Die persönliche Notstandsverordnung, die auch in Scheidungsprozessen oft giftigste Wirkung entfaltet – sich den anderen als so inferior zu konstruieren, dass zu seiner Bekämpfung jedes Mittel erlaubt ist –, muss außer Kraft gesetzt werden. Ein guter Kompromiss, so knapp und schön sagt es Margalit, teilt das Trennende auf. Jeder muss seinen Teil der Distanz überwinden, so schwer es ihm fällt. Ein guter Kompromiss, so erleichternd er danach sein sollte, schneidet zuerst einmal auch tief ins eigene Fleisch. Wie mühsam und schmerzlich das ist!

2.

Bis vor kurzem schienen wir – zeitgeistig gesehen – das Konzept des Kompromisses gänzlich überwunden zu haben. Das, was jeder für sich wollte, sollte er oder sie »einfach« beanspruchen, sich gönnen, sich leisten, zu hundert Prozent. Keine Abstriche mehr machen, auch nicht aus dem Rachen, in den wir uns, solange er gesund war, stopfen wollten, was das Leben an Konsum und Vergnügen zu bieten hatte. Einen Kompromiss schließen, also auf irgendetwas zu verzichten, das war etwas für Feiglinge, für Schwache, für Politiker, von denen man – vor Corona – ohnehin nicht mehr genau wusste, wofür man sie eigentlich brauchte, außer um sie in den »sozialen Netzwerken« unflätig zu beschimpfen und zu bedrohen. Die alte Spezies von Politikern – die früh aufstehen, lange Sitzungen absolvieren und komplexe Materien durchdringen – schien auszusterben zugunsten von Trumpisten und Trumpeuren, die plötzlich wie Pilze aus dem Boden schossen, auch wenn die Haarfarbe nicht jedes Mal dieselbe war.

In einer auf reuelosen Konsum und rücksichtsloses Wachstum gepolten Welt erlangte automatisch das entgegengesetzte Konzept den größeren Sexappeal. *Kompromisslos* – das wollten wir doch alle gerne sein, in unseren Erwartungen, in unseren Forderungen, im Durchsetzen unserer Anschauungen.

Ich hege übrigens – kleine Abschweifung – den Verdacht, dass das Wort »alternativlos« deshalb so schnell zum Buhwort werden konnte – es war in Deutschland sogar »Unwort des Jahres« –, weil wir uns unsere attraktive und souveräne »Kompromisslosigkeit« nicht so einfach nehmen lassen wollten. Die beiden Wörter meinen zwar nicht genau dasselbe, aber sie liegen im Assoziationsraum nah genug beieinander, dass man sich über ihr völlig verschiedenes Prestige schon wundern darf. Allerdings ist *alternativlos* in seiner Wortbildung besonders hässlich und plump. Es hat eine Silbe zu viel. Im Englischen ist die Phrase mindestens seit Margaret Thatcher bekannt, dort lässt sie sich schnittig zu TINA akronymisieren (»there is no alternative«). Lag es also doch auch daran, an der deutschen Spezialität, einen Aussagesatz zu einem einzigen Adjektiv einzudicken? (Abschweifung Ende)

Die Rede vom Kompromiss gehört seit Menschengedenken zu den klassischen Lippenbekenntnissen, nach dem bequemen Muster: »Alle reden davon, aber keiner tut es« (was ja ebenso für ein klimafreundlicheres Leben, Steuerehrlichkeit, Mülltrennung und das Aufspüren der eigenen Vorurteile gilt). Im Munde wird er also gern geführt, der Kompromiss, herbeiphantasiert und heuchlerisch beschworen, aber meistens nur, um den jeweils anderen zu etwas zu nötigen, zum Einlenken und Nachgeben. Der wahre Kompromiss, die echte Kompromissfähigkeit dagegen sind unbeliebt, flüchtig und rar wie aussterbende Tiere.

Das verrät sich auch in den Redensarten. Wer Sprichworte und Zitate unter diesem Stichwort sucht, stößt überwiegend auf blanke Kompromissverachtung. Landläufig und redensartlich sind Kompromisse etwas für Weicheier, und »Kompromissler« ist ein unverhohlenes Schimpfwort. »Lass' dich in keinen Kompromiss, du verlierst die Sach' – das ist gewiss« wird als »deutsches Sprichwort« bezeichnet, aber in diesem Stil findet sich noch weiteres.

»Kompromisse sind für Verlierer«

»Kompromisse haben eine harte Schale, aber einen faulen Kern«

»Als Kompromiss wird die halbe Wahrheit bezeichnet, die von zwei Irrenden gefunden wurde«

»Man kann Kompromisse schließen, bis man selbst zu einem geworden ist«

Das letzte Beispiel deutet etwas an, was auch seriöse Anhänger des Prinzips problematisch finden könnten: dass durch zu viele Kompromisse das Echte, Wahre und Gute irgendwie aufzuweichen, zu verwässern droht. Worum handelt es sich beim Echten, Wahren und Guten? Es ist die Chiffre für die jeweiligen Weltanschauungen, für moralische und ethische Konzepte aller Art. Und diese sollen natürlich irgendwo, und sei es weit hinten im definitorischen Nebel, eine harte, verlässliche Grenze haben, die nicht überschritten werden darf. Denn Grenzen geben Sicherheit.

Solche Dilemmata sind zahlreich und bekannt: Soll man überhaupt mit Diktatoren verhandeln? Mit Ländern, die foltern? Die Kriege führen? Müsste man nicht die gesamte Waffenproduktion einstellen, die aber ein schauerlich prosperierender Wirtschaftszweig ist? Der Tod der anderen macht uns reich, aber darüber wird nicht gesprochen. Nur sehr junge Menschen haben hierzu klare, mit fester Stimme geäußerte Meinungen, weil sie eine bessere Welt noch für möglich halten. Erst später, unter dem Diktat der Sachzwänge und komplexer Abhängigkeiten weicht diese Klarheit auf. Dann altern auch sie langsam jenen Kompromisslern entgegen, die sie vormals als korrumpiert bezeichnet haben.

Margalit spricht davon, dass es zwei Sichtweisen, »pictures«, für Politik gebe: die ökonomische und die religiöse. Wer durch die ökonomische Brille auf Welt und Gesellschaft schaut, wird sich pragmatisch um Interessen kümmern, im besten Fall um gesellschaftlichen Ausgleich, also darum, wie man einzelne Gruppen fördert und unterstützt (so würde es der Sozialdemokrat sagen), wie man sie kauft und ruhig stellt (so der hartherzige Neoliberale). Man kann aber niemals alle kaufen und befrieden, der Vorteil der einen geht auf Kosten der anderen. Auch in säkularen, pluralistischen Gesellschaften müssen darüber hinaus gewisse Werte vermittelt werden, die ein Gemeinschaftsgefühl stiften.

Letztere gehören schon zur religiösen Sicht. Diese beharrt definitionsgemäß auf einem großen, unverhandelbaren Kern, denn für sie stehen nicht sich verändernde Interessen, sondern feste Werte und Bedeutungen im Zentrum. Mit einem Fundamentalisten oder Fanatiker (um vom Extremfall her zu denken) kann es Kompromisse höchstens in unbedeutenden Nebensachen geben – aber Nebensachen sind nicht einmal die unbedeckten Haare der Frauen oder die kurzen Röcke der jungen Mädchen. In der religiösen Sicht haben sich die Interessen des Einzelnen den Werten der Gemeinschaft unterzuordnen. Damit stellt sie das Gegenteil des westlichen individuellen Freiheitsbegriffes dar. Auch Nationalsozialismus, Faschismus und Stalinismus funktionierten auf diese religiöse Weise, weil jede Diktatur um den Diktator oder die alleinregierende Partei üblicherweise einen Kult betreibt, dessen Missachtung lebensgefährlich werden kann.

Da in unserer komplexen Welt aber nichts pur und unvermischt auftritt, da jegliche Weltanschauung eine Mischung aus Festem und Verhandelbarem ist, enthalten auch die säkularsten westlichen Gesellschaften solche sakralen Anteile.

Und diese Anteile sind in den letzten Jahren massiv angewachsen, von alter erwartbarer (Nationalismus, Rassismus) wie neuer, zumindest für mich unerwarteter Seite (den fundamentalistischen Rändern der linken Identitätspolitik). Ich fürchte, dass unsere vermeintlich liberalen Gesellschaften in den letzten Jahren an allen Enden des Spektrums kompromissloser geworden sind: am leichtfertig kapitalistisch-hedonistischen Ende (mir doch egal, wenn das billige T-Shirt von einem Kind genäht worden ist) ebenso wie am anderen, dem idealistischeren Ende: Da wollen die einen sich nicht mit Flüchtlingen, Anderssprachigen, -farbigen und -gläubigen auseinandersetzen, weil sie sich in ein mythisches, niemals existiert habendes Europa der glücklichen, sicheren, ethnisch reinen Nationalstaaten träumen. Die anderen hingegen können, pars pro toto, alte weiße Männer nicht länger ertragen, denen die Notwendigkeit von durchgegenderter, euphemisierter, hochdruckgereinigter Sprache nicht mehr beizubringen ist. Der Begriff *alter weißer Mann* hat sich dabei auf faszinierende Weise bereits vom biologischen Geschlecht gelöst. Ältere weiße und vermeintlich elitäre Frauen (wenn sie etwa Zugang zu Medien und/oder der akademischen Welt haben) und alle, die Zweifel an den starren Sprach- und Denkvorschriften der Identitätspolitiker haben, gehören inzwischen dazu. In manchen Debatten habe auch ich mich schon wie ein alter weißer Mann gefühlt, jedenfalls im Unvermögen, den Jüngeren zumindest zu vermitteln, dass sich meine Überzeugungen aus anderen Quellen und einer anderen, hoffentlich ebenso legitimen Lebenserfahrung speisen, und nicht einfach nur aus Bockig-, Bösartig- und Unbelehrbarkeit.

3.

Es hat Vorteile, schon ein paar Jahrzehnte auf der Welt zu sein und somit auf eigene schwere Denkfehler zurückblicken zu können. In der Jugend neigt man zum Puristischen und Absoluten. Ich habe durchaus ein paar unangenehme Erinnerungen an eigene destruktive Hartleibigkeit in lange zurückliegenden Fragen.

Doch die gereizte diskursive Atmosphäre und die vielen Kultur- und Moralskandale der letzten Jahre haben in mir einen Leitsatz immer weiter befestigt, am liebsten würde ich sagen: *absolut* befestigt, wenn ich mir damit nicht schon wieder selbst widerspräche. Denn nichts darf verabsolutiert werden (auch das wäre ja ein Leitsatz). Aber davon abgesehen, lautet der eigentliche: Es muss möglich sein, über alles zu sprechen, alles zumindest probeweise zu denken und zu formulieren. Anders ist es nämlich gar nicht möglich, Irrwege zu erkennen, Annahmen wieder zu verwerfen, Thesen zu falsifizieren. Beim Sprechen, Schreiben und Streiten verfestigen sich die Gedanken, und erst ausgesprochen oder aufgeschrieben, also in eine konsumierbare Form gebracht, kann ihnen widersprochen werden. Das Probieren und Argumentieren in den Geisteswissenschaften ist das Analogon zu Versuch und Experiment in den Naturwissenschaften, ein Vergleich, der derzeit nahe liegt: Was man behauptet, muss man zumindest gut belegen können. In einem Interview zur Corona-Pandemie hat Daniel Kehlmann daran erinnert[2]: Wissenschaft ist eine Methode, die in erster Linie auf Falsifikation beruht, die also versucht, alles Falsche auszuschließen. Das möglicherweise Richtige ist dann immer nur der vorläufig ungeklärte Rest. Und die Uneinigkeit der Wissenschaftler untereinander sowie ihr ständiges Verwerfen von Theori-

---

2 »Es gibt in Zeiten der Angst eine große Bereitschaft zum Gehorsam«, Süddeutsche Zeitung vom 5. Mai 2020

en ist die große Stärke von Wissenschaft, keineswegs ihre Schwäche. Allerdings verkraften wir, das fachfremde Publikum, nicht gut, dass uns nicht zu jedem Zeitpunkt jemand eine absolute Wahrheit verkünden kann. In der Digitalmoderne liegt das nicht zuletzt daran, dass wir durch unser simplifiziertes Kommunikationsverhalten auch unsere Toleranz für komplexe Sachverhalte beschädigt haben.

Daher scheint es mir aber falsch und gefährlich, Begriffe *grundsätzlich* aus der Sprache tilgen zu wollen, etwa weil sie abwertendes Potenzial in sich tragen. Vollends absurd wird es, wenn sogar die Diskussion, ob und warum ein Begriff abwertend und verletzend gemeint oder geworden ist, ohne Erwähnung dieses Begriffs auskommen soll. In der großartigen Harry-Potter-Saga von J.K. Rowling durfte der Name des Oberbösen, Lord Voldemort, niemals ausgesprochen werden: »He-who-must-not-be-named« oder »You-know-who«. Das ist quasi-religiöses Verhalten, darin steckt der Aberglaube, mit dem bloßen Aussprechen eine Tat oder Sünde zu begehen. Das Wort steht nicht mehr nur für die Sache, es ist zur Sache selbst geworden. Der Einzige, der sich intuitiv nicht daran hielt, der kleine Harry Potter, war eben jener, dem es zum Schluss gelang, Voldemort den Garaus zu machen.

Was für Begriffe gilt (dass Tabuisierung gar nichts besser macht), gilt auch für Themen. Wir müssen über das sprechen, was uns plagt. Und das gilt für Sprecher, also Diskussionsteilnehmer. Aus den Vereinigten Staaten wurde das Konzept der »kulturellen Aneignung« importiert. Demzufolge sind nicht alle Sprecher gleich, sondern manche geeigneter, andere dagegen gänzlich ungeeignet, oder noch schlimmer: Schon der Versuch eines Ungeeigneten, sich zu bestimmten Themen zu äußern, wird mindestens als Übergriff aufgefasst. Demgemäß dürften sich Männer nicht über die Lage und Benachteiligung von Frauen, weiße, gebildete, gut verdienende Frauen nicht über die Lage von dunkelhäutigen, ausgebeuteten Frauen in schlechtbezahlten

Berufen, Bio-Inländer nicht über die Lage von Zugewanderten, Heterosexuelle nicht über die Lage von Homosexuellen äußern und so fort. Die vertrackte Frage, ob sich Transfrauen auf feministischen Foren äußern dürfen, wird zurzeit hochaggressiv ausgefochten. Die Transfrauen auszuschließen, könnte Diskriminierung sein. Sie zuzulassen wäre aber vielleicht Aneignung: Da kommen schon wieder Männer durch die Hintertür herein! Es wird Leser geben, die dieses Beispiel komisch finden. Ich finde es einfach nur todtraurig, so schneidend sarkastisch-paradox, dass es wirklich zum Verzweifeln ist. Auf die Spitze getrieben zeigt es die Bewegung der letzten Jahre: Hin zur Exklusivität, zum Ausschluss und dem immer kleiner werdenden Kästchen, dem sich der Einzelne, dann aber zu hundert Prozent, zugehörig fühlen soll. Aber wehe, er macht sich dort unbeliebt. Was bleibt ihm dann noch?

Auffallend ist dabei, dass der Vorwurf der kulturellen Aneignung immer nur in eine Richtung gilt: von unten nach oben. Die, denen man mehr gesellschaftliche Macht als sich selbst zuschreibt, sollen zu den Verhältnissen und Geschichten der anderen endlich schweigen, weil jedes Reden ihrerseits als sprachliche Gewalt empfunden wird. In die andere Richtung ist es egal, wie die junge feministische Autorin Anna Gien in einem Essay dargelegt hat, in dem Schwanz- und Eierabschneidephantasien selbstbewusst verteidigt werden: »(Die) Strategien (...) der Aneignung sexistischer Sprache lassen sich als ein Akt der Gegenwehr lesen. Feministinnen bedienen sich sprachlicher Gewalt, nicht nur weil sie nicht mehr ihre Opfer sein wollen, sondern weil sie sich zumuten können und wollen, Täterinnen zu sein.«[3]

Von unten nach oben soll Gewaltsprache also weiterhin erlaubt, sogar wünschenswert sein, weil sie für das Machtgefälle keine Rolle

---

3 Eine Margherita aus Männerblut, ZEIT Nr. 17 vom 16. April 2019

spielt. Vielleicht aber würde es für eine friedlichere Gesellschaft eine Rolle spielen, darauf zu verzichten? Jedenfalls wird damit genau das System einzementiert, das man eigentlich abschaffen will. Und schließlich zielt es auf nichts anderes ab, als im Diskurs den Gleichheitsgrundsatz auszuhebeln, zugunsten anderer, als wichtiger eingeschätzter Merkmale des individuellen Erfahrungs- bzw. Diskriminierungshintergrunds. Der berühmte Satz von George Orwell aus »Farm der Tiere« wird auch hier wieder ganz unauffällig eingeführt: »Alle Tiere sind gleich, manche sind gleicher«.

Orwells Dystopie, geschrieben im Winter 1943/44 unter dem Eindruck des Stalinismus und seiner unkritischen Verehrung durch westliche Intellektuelle, arbeitet außerdem ein anderes Phänomen heraus, das bei der sogenannten politischen Korrektheit gerade wieder gut zu beobachten ist: Am kompromisslosesten ist der Mensch gegenüber den echten oder vermeintlichen Abweichlern der eigenen Weltanschauung. Es sind oft die kleinen ideologischen Unterschiede, die zu Blutbädern geführt haben, nicht automatisch die großen. Die Brutalität, mit der in Orwells Parabel die herrschenden Schweine schon bald gegen die anderen Tiere vorgehen, übersteigt alles, was der alte, ausbeuterische Farmer ihnen angetan hat. Der größte Unterschied liegt in der zynischen Begleitmusik. Während der Farmer seine Tiere ohne jeden Hintergedanken schwer arbeiten ließ, einfach, weil er es immer so gemacht hatte, wird das System von Arbeit und Bestrafung nun ideologisch unterlegt. Den anderen Tieren wird umständlich erklärt, warum sie hungern, frieren und noch härter arbeiten müssen, ja es wird von ihnen überdies verlangt, die Verschlechterung auch noch zu bejubeln, weil sie es ja nun für sich und die Gemeinschaft täten anstatt für den (art-)fremden Ausbeuter.

Das ist in der Geschichte oft vorgekommen. Niemanden hassten die Kommunisten so sehr wie die Sozialdemokraten (»Wer hat uns verraten – Sozialdemokraten«) und umgekehrt.

Durch diese erbitterte Feindschaft sind in der Weimarer Republik tragischerweise genau jene Kräfte gebunden worden, die den Nazis den Weg zur Macht hätten verstellen können. In der Sowjetunion wiederum führten die Flügelkämpfe im Bolschewismus (Trotzki etc.) direkt in den Stalinismus und sein jahrzehntelanges Terrorsystem.

Auf der rechten Seite des Spektrums war es nicht anders. Die »Nacht der langen Messer« von 1934, als Hitler seinen ehemaligen Kampfgefährten Ernst Röhm und große Teile der SA überfallsartig hinrichten ließ, ist nur ein blutiges Beispiel für eine solche interne Säuberung. Die österreichischen Austrofaschisten zwischen 1934–38 sperrten Anhänger der deutschen Nationalsozialisten, die weltanschaulich mit ihnen auf einer Linie lagen, als direkte Konkurrenten in dieselben Anhaltelager wie ihre ideologischen Gegner, die Linken. Bruno Kreisky, der große österreichische Politiker und jüdische Sozialdemokrat, saß in diesen Jahren mit Nazis in Wöllersdorf ein, und diese gemeinsame Haft diente später als Erklärung für Kreiskys merkwürdige Unempfindlichkeit etwa dem Waffen-SS-Mann Friedrich Peter gegenüber.

Den eigenen Leuten kann man also am wenigsten verzeihen, wenn sich ihre Anschauung graduell von der eigenen unterscheidet, Freud hat es den »Narzissmus der kleinen Differenz« genannt. Abweichlertum in den eigenen Reihen trifft den, der sich im Kampf gegen feindliche Mächte wähnt, härter als alles andere. Das sind die Irrationalismen der menschlichen Psyche, sie schwächen das strategische Denken und führen zu krassen Fehlentscheidungen.

Derzeit tobt diese Autoimmunkrankheit im Feminismus. Es ist die immergleiche historische Abfolge: Eine revolutionäre Bewegung am Beginn ihrer Existenz, klein und verletzlich, hält fest zusammen. Es geht ums Überleben. Sobald die ersten Ziele erreicht sind und die eigenen Forderungen in der Mitte der

Gesellschaft ankommen, differenziert sie sich aus. Damit wird das Gedankengebäude komplexer, es entstehen mehrere Richtungen, und schon schießen die Feindschaften ins Kraut. Die junge und enorm streitbare Margarete Stokowski schrieb in einer sarkastischen Zukunftsvision über Alice Schwarzer: »Und Oma erzählt von der heiligen Alice und wie sie ihre letzten Jahre im Krankenhaus verbringen musste, weil sie sich den Hintern auf Günther Jauchs Sesseln wundgesessen hatte. Vom fusseligen Mund ganz zu schweigen«. Zu Stokowskis Überraschung hat Schwarzer diesen Text gelesen und konterte in einem Streitgespräch: »Solange Feministinnen nicht lernen, sich auf die Schultern ihrer Vorgängerinnen zu stellen, werden sie immer wieder bei Null anfangen. Da machen Sie ganz nett mit. Sie tun so, als hätten Sie das Rad neu erfunden und alles vorher müsse verachtet werden.«[4]

---

[4] »Kramp-Karrenbauer ist eindeutig feministischer als Merkel«, Tagesspiegel vom 7. April 2019

Kompromisslosigkeit, Sprechverbote und Verachtung haben inzwischen den ganzen Komplex der sogenannten Identitätspolitik ergriffen und begonnen, ihre Ziele zu zerstören. Der Schriftsteller Maxim Biller nennt schon das Wort in einer witzig-verzweifelten Polemik »einen unglaublich hässlichen, bolschewistisch anmutenden, technokratischen Kampfbegriff«[5] und schreibt, die Identitätspolitik suche sich ihre Feinde immer dort, wo sie »besonders apodiktisch im diffusen Nebel von Gut-und-Böse stochern kann«. Aber allen Verhärtungen geht ein anerkennenswerter Impetus voraus, das war auch im Kommunismus nicht anders. Jedes Mal, auch hier und heute, steckt er in dem verzweifelten Wunsch, eine Welt, die sich einfach nicht zum Freundlichen und Guten wenden will, in eine bessere Richtung zu zwingen. In den neuen Sprechverboten und den Schlachten, die im Namen der politischen Korrektheit geschlagen wer-

---

5 Das eiskalte Aufklärungsmanifest, ZEIT Nr. 24 vom 4. Juni 2020

den, erkennt man den Hilferuf nach Anleitung, nach klaren Regeln für alle. Strukturell ist das nicht anders als der Ruf nach dem starken Mann: der Ruf nach der verbindlichen Regel. Alles soll über einen Leisten geschlagen werden, weil die Alternative nicht mehr zu bewältigen scheint: sich jedes Mal auf einen anderen Fall, eine andere Differenzierung einlassen zu müssen.

Je unübersichtlicher alles wird, desto weniger sind Menschen offenbar bereit, flexibel auf Situationen einzugehen. Wenn Überforderung und Ungeduld zu groß werden, wird Vereinfachung zum gewalttätigen Wunsch. Erinnern wir uns noch einmal an Alexander den Großen und den gordischen Knoten. Massive Überforderung und die daraus resultierende Wut sind Merkmale unserer Zeit. Die unmenschliche Beschleunigung aller Abläufe, die krasse Überforderung des Einzelnen durch Unmengen von Informationen, die dadurch wertlos, und Fake News, die von jenen ununterscheidbar werden, sowie die Schaffung brutaler, rechtsfreier Räume im Internet sind die Begleiterscheinungen der Digitalmoderne. Wer ihre gefährlichen Wirkungen diskutieren will, hat dabei übrigens weder vor, »das Internet abzuschaffen«, noch hängt er dem Irrglauben an, dass das überhaupt möglich wäre. Nein, es diskutieren, darüber nachdenken, Vor- gegen Nachteile abwägen zu wollen – das alles geht in dieselbe Richtung: *gegen* die Vereinfachung und *für* die Arbeit an der individuellen Antwort. Für das Langwierige, das Nervige, Quälende, Unbedankte, Ruhmlose. Für die vielstimmige, widersprüchliche, einen verrückt machende Demokratie im eigenen Kopf. Für die überaus komplexe Operation, die man in Gang setzen muss, um in dieser bedrohlichen, ganz und gar unperfekten Welt überhaupt weiterleben zu können. Um jetzt doch einmal zu vereinfachen: *Gegen* die Vereinfachung ist immer *für* den Kompromiss.

Wenn ich oben sagte, es *muss möglich* sein, über alles zu sprechen und nachzudenken, dann meine ich damit nicht, es *muss* sein. Das ist ein bedeutsamer Unterschied. Man muss nicht sprechen um des Sprechens willen, sondern man darf die Gutwilligkeit und eine geistige Minimalflexibilität des Gegenübers zur Voraussetzung machen. Und so möchte ich übrigens auch von anderen behandelt werden.

Aber es gibt Diskussionen, die von vornherein aussichtslos sind. Wenn die anderen nur provozieren und ihr Gegenüber vorführen wollen, ist das doch schnell klar. Es ist sinnlos, mit einer AfD-Besuchergruppe im ehemaligen Konzentrationslager Sachsenhausen weiter zu diskutieren, wenn einige Teilnehmer den Referenten der Gedenkstätte bereits als inkompetent bezeichnet und Fakten des Holocaust in Zweifel gezogen haben. Folgerichtig wurde die Führung abgebrochen, die später einen Skandal hervorrief[6]. Holocaust-Leugner sind Spezialisten darin, den gesellschaft-

---

6   Siehe etwa: Polizei ermittelt: Gästegruppe von AfD-Spitzenfrau Weidel hetzt in KZ-Gedenkstätte, Tagesspiegel vom 31. August 2018

lichen Liberalismus zu missbrauchen und Gesprächspartner in die Falle der »bedrohten Meinungsfreiheit« zu locken. Es ist verdammt schwer, hier die richtige Antwort zu finden, aber deshalb sollte man diese Fälle genau studieren. Die Beschäftigung mit ihnen zeigt, wo unsere Gesellschaft verwundbar ist, wo sie, in Computersprache, Sicherheitslücken hat.

Vor zwanzig Jahren strengte der selbsternannte Historiker und Holocaustleugner David Irving gegen seine Kritikerin Deborah Lipstadt in London eine Verleumdungsklage an[7]. Lipstadt, die damals einen Lehrstuhl für jüdische Studien innehatte und als Expertin für Holocaust-Leugner galt, war der festen Überzeugung, dass man mit ihnen niemals diskutieren dürfe. Sie verwendete die griffige Formel, dass man auch von Experten der NASA nicht verlangen würde, sich mit Anhän-

---

[7] Siehe auch: Eva Menasse, Der Holocaust vor Gericht – Der Prozess um David Irving, Kiepenheuer & Witsch 2017

gern der Erdscheiben-Theorie an einen Tisch zu setzen. Nun sind die professionellen Holocaust-Leugner widerliche Menschen, die in einem negativen Wahn leben und einen perversen Spaß daran haben, jüdische Opfer zu verhöhnen. Aber Lipstadt hat dennoch Fehler gemacht. Sie glaubte, es läge allein in ihrer Macht, wie weit sie sich ihren Forschungsobjekten näherte. Dass diese aktiv auf sie zumarschieren könnten, musste sie erst lernen.

In den Neunziger Jahren begannen die Leugner, amerikanische Universitäten zu infiltrieren. Sie schalteten Inserate in Studentenzeitungen, in denen sie behaupteten, dass bestimmte »Fragen«, die »Kritiker der landläufigen Geschichtsschreibung« an die Forscher hätten, unterdrückt würden. Sie behaupteten, die Meinungsfreiheit sei in Gefahr – in den USA ein besonders schwerer Vorwurf.

Mit dieser Strategie wurde Verunsicherung geschürt wie ein Flächenbrand. Amerikanische Studenten, politisch naiv und historisch schlecht gebildet, wurden zu willigen freedom-of-speech-Werkzeugen der Leugner und setzten das Thema »Man wird doch zumindest mal fragen dürfen« stellvertretend für sie durch. Hier hat man das Dilemma in nuce. Mit einer einfachen Regel (»Niemals mit Leugnern reden«) schafft man das Problem nicht aus der Welt, sondern verschlimmert es manchmal. Es ist eine Sache, sich als Professorin nicht mit einem David Irving auf ein Podium oder in eine Talkshow zu setzen, siehe das NASA-Argument. Aber die Fragen der Studenten, und seien sie noch so haarsträubend, die muss man beantworten. Dazu sind Universitäten da: um die jungen Menschen zu lehren, was seriöse Wissenschaft ist und wie man Fakten und gesichertes Wissen von böswillig verdrehten Anschauungen unterscheiden kann. Schon um der anderen Teilnehmer willen muss man mit dem »Holocaust-Leugner« im eigenen Seminar grundsätzlich anders umgehen als mit dem Leugner-Promi in den Medien. Möglicherweise ist es manchmal besonders schwierig, Kompromisse mit sich selbst zu schließen.

4.

Avishai Margalit sagt: »Ideale mögen uns etwas Wichtiges darüber verraten, wer wir gerne wären. Aber Kompromisse sagen uns, wer wir sind.« Wenn ich ehrlich bin, interessiert mich am Thema Kompromiss überwiegend das Weichere, das viel weniger greifbar ist als die Vollblutkompromisse nach kriegerischen Konflikten, die von Vollblutdiplomaten ausverhandelt werden müssen. Für unser gesellschaftliches Wohlergehen wichtig sind die Voraussetzungen für Kompromisse. Wie sehr können wir von uns selbst und unseren Idealen absehen? Wie schlecht muss es erst um uns stehen, damit wir das wieder lernen? Wie weit verbreitet ist eigentlich *allgemeine Kompromissfähigkeit*? Wie ich versucht habe anzureißen, gehört ein großes Maß an Flexibilität unbedingt dazu, sowie die Anerkenntnis, dass Konflikte nicht jedes Mal auf die gleiche Weise gelöst werden können, selbst wenn sie einander ähneln. Ebenso unabdingbar ist es wohl, dass sich alle wieder eine dickere Haut zulegen, nachdem das Dauerfeuer aus dem Internet und die dort systemische Entgrenzung sie uns zuletzt ziemlich dünn hat werden lassen.

Kompromissfähigkeit bedeutet unter anderem, zu akzeptieren, dass gleich hinter der nächsten Wand, in der nächsten Wohnung, jemand leben könnte, der diametral andere Ansichten hat. Dass dieser andere deshalb kein Verbrecher ist und ebenso wenig mit allen Mitteln bekehrt werden muss. Solange er nicht durch unsere Wand bricht, solange er uns nicht diffamiert oder bedroht, soll er doch denken (und posten), was er will. Diese Gelassenheit fällt schwer, denn mit der Illusion von Gleichzeitigkeit, Bedeutung und Nähe, die die Dauervernetztheit uns vorgaukelt, wuchs auch unser aller Neigung zur Interventionitis. Wo man früher mit den Schultern zuckte und sich mit einem »Was gehts mich an« abwandte, unterschreibt man heute mindestens eine Petition und »teilt« sie mit allen seinen »Freunden«. Wogen von Beteiligung rauschen durch die Glasfaserkabel, weniger durch die Herzen.

Unverhandelbar, hier wie dort, analog wie digital, sind nur Gewaltverzicht und Gesetzestreue. Wo sie gebrochen werden, muss der Staat, der wir doch alle zusammen in organisierter Form sind, einschreiten. Aus demokratischen Gründen ist mir ein starker Staat mit Organen, denen man vertrauen kann, deutlich lieber als eine Machtverschiebung hin zu volatilen digitalen Flashmobs, deren wahre Bedeutung wir nicht überschätzen sollten.

Nun haben wir – und tatsächlich meint dieses »Wir« die gesamte Weltbevölkerung zur beinahe gleichen Zeit – den kollektiven Corona-Schock erlitten, dessen Folgen uns noch lange beschäftigen werden. Wahrscheinlich hat der lustige Michel Houellebecq auch irgendwie recht, wenn er sagt, »wir werden nach dieser Ausgangssperre nicht in einer neuen

Welt aufwachen. Es wird dieselbe sein, nur in etwas schlimmer«[8]. Ich hingegen bilde mir zumindest ein, dass sich die überwältigende Zahl der Menschen in den wirklich krisenhaften Wochen flexibel und altruistisch gezeigt hat. Dass seither wieder alles nach Normalität strebt, dass die Proteste, Beschwerden und Verschwörungsmythen umso heftiger nachgereicht werden, war erwartbar. Aber mittendrin im Lockdown, als niemand wusste, was noch alles passieren würde, schienen die Menschen besonnen und hilfsbereit. Das ist eine gute Nachricht.

Die andere Nachricht ist weniger gut. Wie Bernd Ulrich, einer der streitbarsten und originellsten Kommentatoren Deutschlands, schrieb[9], haben die Verschwörungsmythomanen, die sich derzeit wieder vermehren wie die Karnickel, in einem Punkt nämlich durchaus

---

8 Die Zukunft nach Corona, Frankfurter Allgemeine Sonntagszeitung Nr. 19 vom 10. Mai 2020
9 Die desinfizierte Gesellschaft, ZEIT Nr. 22 vom 20. Mai 2020

recht: *Da steckt doch etwas dahinter*. »Wer den Grund für die zur Regel gewordenen Ausnahmesituationen nicht versteht, wird sich eine Absicht dazuerfinden«, schreibt Ulrich. Aber nicht *jemand* (von der WHO über die jüdische Weltverschwörung, von der Pharmaindustrie bis zu den grünen Männchen, die die Wall Street und das Weiße Haus kontrollieren) stecke in Wahrheit dahinter, argumentiert er, sondern *etwas*. Es gebe ja eine – hochkomplexe – Ursache für die Krisen, die uns in immer kürzerem Abstand heimsuchen: »Die Menschen wollen Auto fahren und Fleisch essen – aber die Folge ist die Klimaerhitzung; sie wollen unentwegt reisen und global fabrizieren – und befördern eine Pandemie; sie wollen nur ein bisschen mit Geld spielen – und plötzlich kollabiert der Finanzmarkt; sie wollen nur etwas Besseres finden als den Tod oder den Hunger – und auf einmal sind sie Teil von etwas, das andere eine Flüchtlingskrise nennen.«

Unser jahrzehntelanger, katastrophaler Raubbau ist schuld, an der Pandemie wie an ihrer blitzartigen Verbreitung. Wir selbst sind schuld am Zustand des Planeten, vor allem wir hier in den gierigen, wachstumsbesessenen, Millionen Tonnen von Dreck in die Luft schleudernden westlichen Ländern. Das ist, was dahintersteckt: Wir selbst.

Nun sehen wir in der Corona-Krise vor allem eins, in beängstigender, aber hoffentlich heilsamer Deutlichkeit: Alles hängt mit allem zusammen, Alleingänge sind sinnlos und tödlich. Wir sind inzwischen acht Milliarden Menschen, und alles, was wir tun, kann unvorhergesehene, schwerwiegende Folgen haben. Nie war es nötiger, zusammenzuarbeiten: um die Umweltzerstörung zu stoppen, Wirtschaft und Energiegewinnung nachhaltig zu machen, den Impfstoff und die passenden Medikamente zu finden, die nächsten Pandemien, Überschwemmungen, Waldbrände, Erdrutsche zu verhindern. Das Zeitalter, in dem unsere Kompromissfähigkeit geprüft wird, und zwar auf Herz und Nieren, auf Leben und Tod, ist gerade erst angebrochen.

Eva Menasse, geboren 1970 in Wien, begann als Journalistin (Profil, FAZ) und debütierte im Jahr 2005 mit dem Familienroman *Vienna*. Es folgten Romane und Erzählungen (*Lässliche Todsünden* 2009, *Quasikristalle* 2013, *Tiere für Fortgeschrittene* 2017), die vielfach ausgezeichnet und übersetzt wurden. Preise (Auswahl): Heinrich-Böll-Preis, Friedrich-Hölderlin-Preis, Österreichischer Buchpreis, Jonathan-Swift-Preis und das Villa-Massimo-Stipendium in Rom. Eva Menasse betätigt sich zunehmend auch als Essayistin (*Lieber aufgeregt als abgeklärt* 2015) und erhielt dafür 2019 den Ludwig-Börne-Preis. Sie lebt seit 20 Jahren in Berlin.

© Literaturverlag Droschl Graz – Wien 2020

Umschlag: & Co www.und-co.at
Satz: AD

Druck: Styria Print

ISBN 978-3-99059-066-9

Literaturverlag Droschl Stenggstraße 33 A-8043 Graz
www.droschl.com